AF227286

RAPPORT

ADRESSÉ

À M. LE MINISTRE DE L'INSTRUCTION PUBLIQUE

Par M. de MAS LATRIE,

CHARGÉ D'UNE MISSION EN CHYPRE.

Paris, le 6 mai 1846.

Monsieur le comte,

En me rendant dans l'île de Chypre pour continuer une étude que j'avais commencée en France sur l'histoire des croisades, je ne pouvais croire que tous les monuments élevés par les Français en ce pays, au moyen âge, eussent entièrement disparu du sol, mais j'étais loin d'espérer qu'il en restât des ruines aussi nombreuses et aussi belles que celles que je reconnus dès mes premières excursions. A mesure que j'avançai dans le pays, j'appréciai mieux ses richesses monumentales, et j'acquis bientôt la conviction que l'île de Chypre seule, malgré les ravages très-réels dont elle a souffert depuis quatre siècles, renferme encore autant de monuments intéressants pour l'histoire de nos établissements d'outre-mer que la Syrie et bien plus que Rhodes, Constantinople et les pays de l'Archipel réunis. J'ai retrouvé, en effet, dans toutes les provinces de l'île, à Nicosie, à Famagouste, à Limassol, à Cazaphani, à Poli, à Cherokidia, etc., dans les montagnes du pays de Cérines et du Carpas, comme dans les pays de Paphos, du mont Olympe et de la Messorée, des édifices de la plus pure architecture gothique : des églises, des chapelles, des couvents, des châteaux élevés par nos anciens croisés fixés en Orient. Et en attribuant ces constructions aux Français, je ne donne rien aux conjectures ni aux probabilités. Lors même que le style de leur architecture et le mode de leur exécution laisseraient quelque incertitude sur le temps qui les a vues s'élever ou la nation qui les a

1846

édifiées, les armoiries, les tombeaux, les inscriptions en français qui décorent leurs murs, ou qu'on retrouve dans leur enceinte, établiraient, sans discussion, leur nationalité. Quelquefois même elles précisent la date de leur fondation.

Je décrirai ailleurs, plus au complet, ces monuments divers, en suivant l'ordre de mon itinéraire; je crois préférable pour présenter un aperçu général de leurs formes et du style de leur architecture, de les réunir en deux classes, afin de les examiner ensemble suivant la nature de leur destination, et d'entrer seulement dans quelques détails sur les plus importants ou sur ceux qui conservent le mieux les caractères originaux des temps de leur construction.

J'examinerai donc aujourd'hui les édifices militaires élevés par les Français dans l'île, réservant pour d'autres notices la description des monuments religieux, des tombeaux et des armoiries. Je ne rappellerai pas les événements qui ont rendu célèbres dans l'histoire de Chypre quelques-uns des châteaux dont j'aurai à parler, les siéges qu'ils ont soutenus, les légendes populaires ou les récits plus certains que le temps nous a conservés sur leur fondation, ou les événements dignes de mémoire dont ils ont été le théâtre. Les notions de ce genre appartiennent à l'histoire, et je me propose seulement de donner ici une description archéologique de ces châteaux.

Voulant me borner aux monuments édifiés pendant le règne des princes français, je ne dirai même qu'un mot des enceintes de Nicosie et de Famagouste, les seules villes complétement fortifiées de l'île, parce que leurs remparts sont d'une date postérieure à l'invention de l'artillerie ou étrangers pour la plus grande partie aux Lusignans.

L'enceinte de Nicosie, élevée en 1567 par les Vénitiens, forme une étoile assez régulière de onze bastions triangulaires, dont les angles inférieurs sont arrondis. Le mur est bâti dans un système particulier qui mérite d'être signalé. Arrivé à peu près à moitié de sa hauteur, il est brusquement incliné vers l'intérieur de la ville sur les terre-pleins qui le soutiennent, de manière à présenter aux projectiles ennemis un angle obtus : disposition peut-être habile, mais qui n'a pu sauver la place lors du siége des Turcs. Il est vrai que les ingénieurs vénitiens avaient laissé en dehors des ouvrages, et à une petite distance des fossés, une suite de collines d'où l'on domine toute l'enceinte. Ce lieu, si bien disposé pour l'attaque, fut occupé par les batteries de Mustapha en 1570 et la ville réduite, après un siége de quarante-cinq jours, malgré sa résistance opiniâtre. Au temps des Lusignans toutes les hauteurs méridionales étaient renfermées dans l'intérieur des remparts qui comprenaient un espace triple de l'étendue actuelle de la ville. Un contemporain a constaté que les Vénitiens, pour effectuer leur malheureux projet d'enceinte, avaient détruit, outre le château royal, quatre-vingts églises ou couvents, parmi lesquels était le monastère de Saint-Dominique, le Saint-Denis des Lusignans.

Les fortifications de Famagouste sont intactes et d'une construction remarquable par le choix, la taille et l'assemblage des pierres. A l'intérieur, sauf quelques édifices, la ville n'est qu'un amas de ruines et de décombres. A la fin du siége de 1571, qui dura un an, et le lendemain de la prise, elle ne devait pas offrir un aspect plus désolé. Les Turcs n'ont songé qu'à faire quelques réparations aux remparts dont ils gardent l'entrée avec une crainte superstitieuse. Les murs de l'enceinte sont droits et lisses; ils sont couronnés de créneaux rectangulaires et protégés à leurs angles par des tours d'une construction semblable à celle du rempart. Deux portes seulement donnent accès à l'intérieur : la porte de mer s'ouvrant au sud, et la porte de terre défendue par un large fossé, un pont-levis, une herse et une double clôture. Le rempart méridional arrive au rivage même, comme dans la ville actuelle de Gênes, enveloppe complétement la place de tous côtés et se termine à l'est par un grand bastion carré. Ces travaux doivent être de différentes époques. L'histoire de Chypre nous apprend que Jacques II de Lusignan répara les anciennes fortifications de Famagouste; il est certain aussi que les Vénitiens y ont élevé ou refait quelques ouvrages, car on retrouve le lion de saint Marc et les noms des provéditeurs Foscareno et Priuli gravés en plusieurs endroits; mais le plan général de l'enceinte actuelle et la plupart des constructions existantes doivent appartenir aux Génois, qui firent de Famagouste, pendant un siècle, leur boulevard commercial dans les mers de Syrie. Il faut remarquer toutefois que les remparts élevés dès la fin du treizième siècle par les Lusignans autour de la ville, avaient la même disposition qu'ils ont conservée sous les Génois, les Vénitiens et les Turcs, car en 1378, au rapport d'André Gataro, les galères catalanes ayant forcé la passe du port, arrivèrent jusqu'au pied de la courtine que baignait la mer.

Le château de Cérines, si célèbre dans les annales des Lusignans, n'est pas encore un édifice qu'on puisse considérer comme appartenant en entier au temps des Français; de notables parties ont été reconstruites par les Vénitiens et appropriées au service de l'artillerie. Dans son ensemble, il forme un grand quadrilatère entouré d'un fossé, flanqué de deux grosses tours rondes vers la mer et de tours carrées vers la terre; le tout d'une construction aussi belle que celle de Famagouste. Le rempart, haut de plus de quarante pieds et large de douze, est partout crénelé. Il est percé au tiers de sa hauteur et de distance en distance de larges embrasures pour le jeu des canons. Les tours rondes ont plusieurs étages de bouches à feu, ou du moins de salles destinées à les recevoir; il y reste encore quelques canons de fer rouillés provenant de fabriques turques et quelques pièces de bronze vénitiennes. On lit sur l'une de ces dernières : *Galeacius Albergeti me fecit,* entre le lion ailé de la république et l'écusson du maître fondeur.

Les parties les plus anciennes de ce château me paraissent être les constructions intérieures. Tout autour d'une assez grande esplanade qui occupe le bas de la forteresse sont des pièces et des salles voûtées servant autrefois de magasins d'armes, de dépôts de provisions et de logements pour les soldats. Les fours existent encore ; ce sont de petites constructions isolées en forme de ruche. Les appartements que devaient habiter les princes quand ils séjournaient dans ce château s'ouvrent à l'ouest. Quoiqu'ils soient aujourd'hui ruinés, on reconnaît leur ancienne destination aux ornements des baies et de leurs moulures. Du même côté est la chapelle, petite nef en ogive, tournée vers l'Orient et aujourd'hui délabrée. Trois colonnes de marbre soutiennent encore la retombée des arcs de la voûte ; leurs chapiteaux, dont le galbe est plus évasé que celui des chapiteaux antiques, est orné de grenades et de pampres.

Limassol et Paphos possèdent aussi d'anciens châteaux, élevés sur le rivage pour protéger leurs ports. Ils remontent au temps des Lusignans, ainsi que l'indiquent leurs baies en ogive ; on sait même que celui de Limassol a été réédifié par le roi Janus au quinzième siècle, mais les créneaux dentelés que l'on remarque sur leurs murs ont été faits dans les premiers temps de la conquête ottomane. Aujourd'hui les Turcs les laissent se délabrer. Le consul de France se trouvant, l'année dernière, à Paphos avec le gouverneur, on voulut tirer le canon du fort en leur honneur ; au premier coup de feu une partie du rempart fut ébranlée et croula dans la mer avec ses canons. On ne l'a pas relevé.

Arrivons aux châteaux qui appartiennent en entier au temps des Lusignans et qui n'ont pu être altérés par des constructions postérieures, puisque leur démantèlement ou leur abandon date du commencement de la domination vénitienne. Les plus grands sont les châteaux de Dieu-d'Amour ou de Saint-Hilarion, de Buffavent ou de la Reine, de Kantara et de Colossi.

Ce dernier est une grosse tour isolée dans la campagne. Quant aux autres, on n'en aurait pas une idée exacte, si on se les représentait semblables pour l'ensemble et la disposition aux anciens châteaux de France, avec leurs fossés, leurs ponts-levis et leurs corps de bâtisses à grandes façades.

Les Lusignans en fondant, ou plutôt en reconstruisant les châteaux de l'île, car les hauteurs de Saint-Hilarion, de Buffavent et de Kantara étaient défendues, dès le temps des gouverneurs grecs, par des fortifications ; les Lusignans ne s'étaient pas proposé principalement d'y construire des demeures à leur usage. Ils avaient déjà les palais de Nicosie et de Famagouste, les maisons de plaisance de Strovilo, de Chiti, de Cherokidia, de Vassilia qu'ils habitaient souvent. Des trois châteaux de Saint-Hilarion, de Buffavent et de Kantara, situés dans les montagnes du nord de l'île, le premier seul était à la fois un château fort et une résidence royale. Quant aux autres, les princes francs avaient surtout voulu en faire des forteresses qui pussent leur servir de prison pour les rebelles, de dépôt d'armes et de refuge pour eux-mêmes dans un cas extrême. On avait à cet effet saisi les points les plus escarpés de la chaîne de montagnes qui traverse l'île de l'ouest à l'est entre Cormachiti et le cap Saint-André ; on les avait enveloppés de remparts, de tours, de pavillons crénelés et d'autres moyens de défense ; utilisant et taillant le roc quand il pouvait tenir lieu de muraille ; profitant de toutes les saillies pour y avancer une redoute, de tous les endroits planes pour y asseoir une salle, une chapelle ou un donjon à meurtrières, de telle sorte que l'ensemble du château présentait une réunion de pièces et de corps de logis séparés, presque toujours, et indépendants les uns des autres, plutôt qu'un système de constructions continu comme en offraient autrefois la Bastille, Coucy, ou, de nos jours encore, le château de Vincennes, construit dans le même siècle, qui a vu s'élever la plupart des châteaux de Chypre. Cette disposition était loin de nuire à la défense, car on communiquait d'un bâtiment à l'autre par les cours, les galeries et les remparts, et l'aspect général n'en est pas aujourd'hui moins imposant que celui des vieux châteaux que nous venons de citer. On n'y retrouve pas, il est vrai, leurs belles façades et leurs grandes tours ; mais on est étonné d'y voir s'étager jusqu'aux hauteurs les plus escarpées, au milieu de cyprès et de genévriers, de magnifiques citernes, des salles, des galeries, des terrasses, des chapelles, des donjons crénelés ; l'on ne peut qu'y admirer l'art avec lequel l'ingénieur a fait serpenter les remparts sur les rochers les plus abrupts ; l'on est émerveillé de voir comment il a pu asseoir sur une déclivité aussi rapide des pavillons, des corridors et des voûtes élevées les unes sur les autres, comment il a pu édifier de si hautes tourelles au sommet de rochers à pic. Le transport seul des matériaux à ces élévations surprenantes a dû coûter des peines infinies. Un caractère qui distingue encore les châteaux de Chypre, et en général toutes les constructions militaires ou religieuses de l'île, des constructions de la France, c'est qu'au lieu des toits aigus ou coniques qui déparent quelquefois ces dernières, surtout dans le nord, elles sont terminées, en Chypre comme en Syrie, par des terrasses, dont les lignes horizontales sont d'un plus bel effet. Ajoutons que dans ces divers monuments, principalement dans les châteaux, l'ogive et le plein cintre sont également employés pour former les arcs des baies, bien que ces châteaux aient été construits du treizième au quatorzième siècle, époque où l'ogive dominait presque exclusivement en Europe.

Dieu-d'Amour, dont le nom me paraît être une corruption d'une autre dénomination plus ancienne, est le plus grand et le plus beau château de Chypre. C'était le seul des trois où les Lusignans aimaient à séjourner, et il est facile de reconnaître dans l'intérieur de ses trois enceintes les pièces qui servaient d'habitation aux princes, quand ils venaient y passer la saison des fortes chaleurs.

Ce n'est qu'après une marche de trois heures, sur les flancs de la montagne de Cérines, qu'en partant de Fungi, Chifflik à une lieue ouest de cette ville, on arrive à la première porte du château. Elle est aujourd'hui ruinée, et il n'est pas possible de reconnaître quel était son système de clôture ; on voit seulement qu'elle n'était protégée à l'extérieur ni par un fossé, ni par un pont-levis. Mais cette entrée, comme les créneaux et les tours du petit porche dans lequel elle donne accès, n'était qu'un ouvrage avancé, servant de défense à une seconde porte. Celle-ci est au fond de l'avant-cour à gauche et fait face au midi. Elle est crénelée et surmontée d'un moucharaby de six consoles en contre-lobes, construction dont le nom, comme la forme, semble avoir été emprunté par la France à l'Orient, car j'en ai vu de semblables aux minarets du Caire, à la forteresse de Damas et à l'enceinte de la ville d'Aiguemortes. La porte, peu élevée et en plein cintre, était défendue, comme je l'ai dit, par les créneaux et les tours latérales ; elle traversait le rempart et communiquait à une grande tour inclinée sur le penchant de la montagne. Lors même que l'ennemi eût pu, en forçant ces premiers obstacles, pénétrer dans la cour, il n'eût surmonté que les moindres difficultés de son entreprise. Toutes les constructions supérieures étaient disposées de telle façon que les défenseurs pouvaient lancer leurs traits sur lui, pendant qu'il avait à gravir, par une montée ardue, jusqu'à la seconde enceinte, formée de tours et de galeries crénelées. Là, en retraite et de côté, se trouvait un corridor étroit, défendu par deux portes en ogive qui seules lui permettaient d'arriver plus haut et qui devaient lui opposer une résistance d'autant plus longue qu'il était obligé de combattre sur un terrain inégal, pierreux et escarpé. Aussi voit-on que le château de Dieu-d'Amour n'a jamais été pris de vive force : le vieux sire de Beyrouth lui-même, un des plus braves et des plus habiles capitaines de Chypre, aidé de tous les hommes d'armes du pays, ne put en déloger les troupes de Frédéric II, et les impériaux l'assiégèrent vainement, après qu'une capitulation l'eut rendu aux Chypriotes.

Quand on a passé le corridor en voûte d'ogive, on se trouve véritablement dans l'enceinte du château, et au milieu des corps de bâtiments destinés soit à la défense, soit à l'habitation. Il est impossible de suivre aujourd'hui le plan de ces constructions bouleversées, par la pioche et la mine, sur un sol jonché de débris informes, mais vous jugerez de leur importance et de leur étendue par ce fait que j'y ai compté, malgré les démolitions effectuées dans les trois enceintes, plus de soixante pièces de différentes dimensions dont les quatre murs existent encore. Aussi les Turcs auraient-ils dû réserver pour ce seul château la dénomination poétique de *Yuz bir ev*, les cent et une maisons, qu'ils donnent également à Buffavent et à Kantara.

Les édifices renfermés dans la deuxième enceinte s'étendent

sur les deux penchants de la montagne. On peut encore reconnaître la destination de quelques-unes de ces constructions. Un grand pavillon à deux étages, placé hors de la portée probable des traits et ouvert sur la mer de Caramanie, devait être une des parties principales de l'appartement royal. Il a deux salles de quatre-vingts pieds de long sur vingt pieds de large, éclairées chacune par six fenêtres. De son étage inférieur on passe sur une terrasse, d'où un escalier conduit dans une basse-cour fermée au nord par un édifice crénelé, de vingt pas de large et renfermant neuf chambres ou magasins. Ce fort termine l'enceinte vers le nord, côté qui était suffisamment protégé par l'escarpement effrayant de la montagne et des rochers sur lesquels il repose.

A côté de la grande salle est une petite chapelle, autrefois un oratoire dont la façade offre encore l'image d'un saint avec un nimbe peint à fresque. Un prêtre vient chaque année, le jour de Saint-Hilarion, célébrer la messe dans ce lieu solitaire. La chapelle du château n'est pas éloignée et communique avec le pavillon, quoiqu'elle en soit détachée. Des pilastres et des colonnes engagés dans le mur soutenaient sa voûte, aujourd'hui écroulée. Le chevet tourné à l'Orient est terminé en conque ou voûte de four ; à côté sont deux petites niches en hémicycles, où l'on retrouve, comme sur les murs, des restes de fresque rouge et bleue. L'église était éclairée par deux fenêtres gothiques encore intactes et par une troisième baie ouverte, à l'instar des Grecs, au milieu du chevet, comme pour éclairer le sanctuaire ; elle était précédée d'un porche ou pièce couverte, qui semble avoir fait partie d'un corridor.

Une troisième enceinte domine toutes les constructions dont je viens de parler et complète le système de défense du château. Avant d'y arriver, on remarque à droite une citerne à ciel ouvert d'une construction très-hardie. Elle est comme scellée aux flancs du rocher qui la ceint de deux côtés ; ses murs vers le nord et l'est paraissent n'avoir pas moins de trente pieds de haut ; ils ont cinq pieds d'épaisseur et sont soutenus vers l'ouest par quatre solides contre-forts d'un mètre de large. A l'intérieur, la citerne est longue de cinquante-sept pieds, large de quarante-deux. En montant à la porte de l'enceinte, on aperçoit les traces d'un escalier qui, à travers les blocs de pierres et les genévriers, conduit à un petit fortin en voûte d'ogive, détaché à l'extrémité des rochers vers le sud-ouest. Six grandes meurtrières pratiquées dans l'épaisseur de ses murs permettaient de lancer des traits au delà des bâtiments et des enceintes, jusqu'au fond des vallons du nord et du sud. Pour parvenir à la porte dont nous avons parlé, la pente est encore plus raide que dans la première cour. Ici le moindre faux pas ferait rouler un homme dans la citerne, ou le précipiterait sur les rochers. Qu'on songe à la position d'ennemis placés sur ce terrain et obligés de se couvrir des traits qui leur étaient lancés des terrasses supérieures ! Mais les assiégeants n'ont dû jamais pénétrer jusqu'à cette hauteur.

L'entrée ovigale de l'enceinte est intacte ; elle a encore les trous où l'on passait les poutres pour consolider la clôture. La porte s'ouvre sur une grande cour plénière entourée de rochers ou de constructions crénelées, et fermée à l'ouest par une galerie de trois étages. Le milieu du bâtiment a été ouvert par la mine et a croulé au fond des précipices ; mais les grandes ruines qui en restent encore appuyées sur les hauteurs de droite et de gauche laissent apprécier la bonne qualité des pierres employées dans la construction, leur taille régulière, leur ajustement précis et le soin apporté dans l'ornementation générale de ce beau corps de logis qui a dû être habité souvent par les princes. Sa pièce principale a 20 mètres de long sur 8 mètres de large ; ses fenêtres sont divisées en deux baies à plein cintre au-dessus desquelles s'ouvrent de petites arcades de trèfles et de quatre feuilles à jour, qu'enveloppe une arcade supérieure en ogive. Des bancs en pierre règnent autour de ces fenêtres élégantes d'où la vue s'étend vers l'ouest sur les riches coteaux de Carava, de Lapithos qui a de magnifiques jardins de palmiers et d'orangers, d'Acheropiti, de Tremithi, de Vasilia où le roi Pierre Ier descendait souvent pour s'entretenir avec le savant Georges Lapithes de littérature et de philosophie. Au-dessous de cette salle en est une autre d'égale dimension ; à côté, dans ses deux étages, se trouvent d'autres pièces bien moins grandes servant probablement de chambres à coucher et dont quelques-unes n'ont pas plus de deux fois la grandeur d'un lit. Du côté opposé, vers le sud-est et sur le pic dominant toute la montagne, est encore un autre petit château complet, avec ses remparts, ses meurtrières et ses tourelles. C'était comme un dernier donjon, un dernier refuge, ou plutôt ce n'était qu'un belvédère, car, à ces hauteurs inaccessibles que pouvait-on craindre de l'ennemi, s'il n'était déjà maître des cours et des galeries inférieures du château ? J'ai mesuré la hauteur de ce point qui est le plus élevé de la chaîne septentrionale de l'île, et j'ai trouvé pour estimation calculée exactement 709 mètres 7, ou 2,129 pieds. C'est à peu près les deux tiers de la hauteur du Vésuve et la moitié du Puy-de-Dôme. De ce point la vue est encore plus étendue que du rempart de l'ouest. Elle embrasse vers l'Orient toute la côte de Chypre jusqu'au cap Saint-André où les regards se portent d'abord sur Klebini, sur le château de la Reine et le beau cloître de Lapaïs, dont nous parlerons plus tard ; vers le sud une élévation cache Nicosie et ne laisse apercevoir qu'un coin de la Messôrée, mais par-dessus la montagne, on voit briller la mer de Larnaca et de Limassol ; au nord, on suit toute la côte de Caramanie et l'on distingue aisément, vis-à-vis du château de Saint-Hilarion, les fortifications de la petite ville d'Anamour qui porta quelque temps, sous le règne des Lusignans, le pavillon chrétien.

Le château de Buffavent, appelé aussi château de la Reine, est situé à trois lieues nord-est de Nicosie, à une heure au nord du couvent de Saint-Jean-Chrysostôme. Il est d'un accès plus difficile encore que le château de Saint-Hilarion, et comme ce dernier, il n'a jamais été forcé par l'ennemi. On ne peut croire qu'il n'eut autrefois une communication praticable avec le bas de la montagne, mais les Vénitiens ont dû détruire toute trace d'escalier quand ils prirent le parti de diminuer le nombre des forteresses de l'île et de concentrer leurs garnisons dans les places maritimes. Aujourd'hui pour parvenir à la première porte du château, il faut s'aider des mains autant que des pieds dans un sentier escarpé entre les rochers et assurer sa marche aux troncs des genévriers qui ont poussé dans le roc, si on ne veut rouler dans les précipices.

En pénétrant dans l'intérieur, on voit que Buffavent est construit d'après le même système que Saint-Hilarion. Une double enceinte sépare le château en deux parties assez éloignées l'une de l'autre et formées chacune de chambres, de magasins, de forts, communiquant entre eux ou isolés, suivant l'exigence du terrain. Les constructions principales se trouvent dans la première enceinte et sont étagées sur le penchant du rocher vers la plaine et la ville de Nicosie que l'on voit à ses pieds ; l'enceinte supérieure renferme les derniers donjons assis sur les sommets les plus élevés et dominant au nord et au sud, depuis Cérines et Lapaïs d'un côté, jusqu'au mont Olympe et à la Messôrée de l'autre. Comme du haut de Saint-Hilarion et de Kantara, on voit du haut de Buffavent la mer et la côte de Caramanie au nord, la mer d'Egypte au sud ; situation favorable qui avait fait choisir ce château pour point d'observation. Les Lusignans y avaient établi un guet chargé de signaler au moyens de signaux ou de feux l'approche des navires aux gardes de Cérines et de Nicosie.

Les baies du château de la Reine, les portes notamment, paraissent avoir été presque toutes en ogive ; on y reconnaît seulement quelques pleins cintres, autant qu'il est possible d'en juger depuis que les pierres de taille qui formaient les arcades d'entrée ont été descellées. Les salles d'habitation ou de dépôt sont moins grandes et bien moins nombreuses qu'à Saint-Hilarion ; il n'en reste plus que quinze aujourd'hui dans les deux enceintes. Elles sont entières et plusieurs ont même conservé leur toiture en voûte d'ogive à l'intérieur, en terrasse au dehors. Dans quelques-unes s'ouvrent des citernes et des caveaux profonds qui ont, en différentes époques, détenu des personnages importants.

Il serait difficile de préciser la date de la fondation du château ; ce qui est certain, c'est qu'il y avait un fort sur la montagne de Buffavent, dès le douzième siècle, à l'arrivée de Guy de Lusignan, et ce qui paraît encore hors de doute, c'est que l'édifice actuel appartient en entier, sauf peut-être les fondations, au

temps des princes français. Quant à sa dénomination de château
de la Reine, je crois qu'elle n'a pas plus d'un siècle de date, et
je pense que son origine est dans l'erreur accréditée par l'igno-
rance des caloyers de saint Jean-Chrysostôme, qui croient possé-
der dans leur couvent l'antique portrait de la reine fondatrice et
de leur monastère et du palais voisin. On peut lire dans Mariti
et Ali-Bey les fabuleuses aventures de cette prétendue reine, qui
n'est autre qu'une noble Vénitienne de la famille Molino. Le portrait, conservé avec soin derrière l'autel à saint Jean Chrysostôme,
est un ex-voto de cette dame et du jeune Antonin Molino, son
fils ou son frère, ainsi que l'indique cette inscription peinte
sur le panneau :

H ΔЄHCIC. TIC ΔY

ΛIC. TY. ΘȲ. MΑPIΑC.

TY. (ΦIΛITTY ?)   MOLINO

KЄ. ANTONHNY. TY.

ΦιλιπY.   MOλINO. ✱

Le tableau est peint sur bois, à fond d'or, dans le style grec
suivi à Venise. Il représente saint Jean l'aumônier recomman-
dant à la Vierge, Antonin et Marie Molino ageuouillés devant
elle. L'église du couvent de Saint-Jean-Chrysostôme fut peut-être
dotée ou restaurée au temps des Vénitiens par Marie de Molino,
et le souvenir de cette libéralité, imparfaitement conservé par le
tableau que la donatrice ou l'hégoumène fit exécuter à cette occasion, aura fait croire quelque temps après que ce portrait rappelait
les traits de la fondatrice du couvent et du château. Il ne faut
pas plus de cent ans pour accréditer de semblables erreurs dans
un pays où l'on n'écrit presque jamais et où les moines ne savent
pas lire.

Le château de Kantara est situé à l'orient de la chaîne des
montagnes dans la province du Carpas, entre Davlò au nord et
Comakebir au sud. Restauré et probablement agrandi par les
premiers Lusignans, il fut rebâti en partie par Jacques, fils de
Jean II, au quatorzième siècle et démantelé au quinzième par

(*) Prière de la servante de Dieu, Marie de........ Molino, et
d'Antonin (fils) de Philippe Molino.

les Vénitiens. Quoique la montagne sur laquelle il est situé soit presque aussi élevée que celles de Saint-Hilarion et de Buffavent, ses pentes sont moins escarpées et le pied du château plus facilement accessible. C'est sans doute à ces conditions moins favorables que la forteresse du Carpas doit d'avoir été prise plusieurs fois par les ennemis qui n'avaient pu emporter les châteaux de l'ouest.

Kantara est moins étendu et plus compacte, si l'on peut dire, que ces derniers; il semble que les ingénieurs chargés d'assurer la défense de ce point, reconnaissant les pentes praticables qui pouvaient conduire à ses pieds du côté du nord et de l'est, aient doublé la force des murs et les aient ramassés autour d'un plus petit espace. Deux grosses tours protégent la porte qui s'ouvre dans l'épaisseur du rempart, en communiquant à une basse-cour, autour de laquelle sont les corps de bâtiments. Les tours et les courtines du nord ont sauté sous la mine; les parties conservées, mais néanmoins en ruines, se trouvent sur le haut de la montagne qu'elles enveloppent de l'ouest au sud et à l'est. Il y a là, comme dans les autres châteaux, une chapelle, des magasins, des caveaux, des citernes, des salles voûtées et percées de meurtrières, qui ne me présentent rien à signaler, après ce que j'ai dit des châteaux précédents; je remarquai seulement au rempart de Kantara une disposition que je n'avais pas trouvée dans les autres forts. Vers le sud, loin de la porte d'entrée et loin de la partie des murs où l'ennemi devait diriger ses attaques, s'ouvre une poterne à l'extrémité d'un couloir étroit que protége une voûte solide, en descendant vers les rochers. Cette petite porte, qu'on aurait pu laisser ouverte sans danger, même pendant un assaut, car elle donne sur des escarpements à pic, laissait communiquer avec la campagne, quand l'entrée principale était bloquée, et permettait d'envoyer un émissaire au dehors dans un moment de danger ou de surprise.

Je dois parler avec quelques détails de la tour de Colossi ou du *Colos*, comme on l'appelait au temps où elle était le chef-lieu de la Commanderie des Hospitaliers en Chypre. Les Grecs et les Turcs la désignent sous le nom de *Coulà*, dénomination dérivée peut-être de Colos et appliquée aujourd'hui indistinctement par les habitants de l'île à tous les châteaux isolés.

Situé à une lieue de la mer et à égale distance à peu près de Piscopi et Zagatzi, le Colos domine toute la plaine qui s'étend depuis ces villes jusqu'à Limassol; il peut être classé, pour son architecture et sa conservation remarquables, parmi les plus beaux édifices français qui aient été construits au moyen âge et qui existent encore aujourd'hui dans l'île. C'est une grosse tour carrée, sans tourelles aux angles, de soixante-cinq pieds de côté et de quatre-vingts pieds de hauteur environ, dont l'entrée, située à dix pieds au-dessus du sol, est tournée vers la mer. Un pont-levis s'abattait autrefois du seuil à la terre et livrait passage pour entrer dans la tour ou pour en sortir. On l'a remplacé depuis longtemps par une rampe en maçonnerie qui facilite le transport des cotons et des garances dans ses vastes salles, car le Colos est heureusement conservé comme magasin général d'une des plus riches fermes de l'île de Chypre. Sous la rampe, s'ouvre une petite porte voûtée donnant dans un étage souterrain de trois salles en ogive. Le mur est à cet endroit de neuf pieds d'épaisseur.

Je n'ai pu retrouver les traces de l'ouvrage avancé qui protégeait peut-être autrefois cette façade du château ; mais à quatre pas en avant du rempart oriental existe encore un mur crénelé de trois ou quatre mètres de haut sur quatre pieds d'épaisseur relié à la tour des deux côtés. Ce mur semble aujourd'hui n'avoir d'autre destination que de protéger les fenêtres de l'étage inférieur éclairé par la petite cour ; cependant il a, outre sa porte principale, pratiquée en ogive vers la campagne, une seconde porte latérale ouverte dans la clôture que je suppose avoir existé devant la façade du pont-levis.

Le Colos est divisé en deux étages, sans compter le souterrain. L'aire du premier est plus basse que le seuil de la porte d'entrée, le second est recouvert par la terrasse. Avant de parler des divisions de chacun de ces étages, j'en décrirai les côtés.

La façade méridionale de la tour où est le pont-levis n'est percée que de deux fenêtres, éclairant le second étage. Elle est défendue à la hauteur de la terrasse et dans l'axe de la porte qu'elle surmonte d'un moucharaby à cinq consoles, assez semblable aux moucharabys du château de Saint-Hilarion, mais d'un style moins sévère : ses consoles sont formées de trois contrelobes en retraite, et les parties vides séparant les consoles sont découpées en lobes que surmonte une arcade ogivale. La façade orientale est décorée de quatre écussons en marbre blanc incrustés dans une grande croix à branches égales, ancienne forme de la croix de l'ordre de l'Hôpital. Au centre de ces emblèmes est l'écu royal des Lusignans, car les propriétés des Hospitaliers en Chypre étaient toujours subordonnées au souverain domaine du roi. L'écu, écartelé de la croix de Jérusalem, du lion sur champ burelé des Lusignans, du lion d'Arménie et du lion de Chypre, ne peut être antérieur à l'année 1393, époque de la réunion des trois couronnes dans les armes de la maison royale de Chypre. Mais cette circonstance ne préjuge en rien l'âge de la tour, qui est probablement bien plus ancienne que les armoiries dont elle est aujourd'hui décorée. Le bras gauche, le bras droit et le croisillon inférieur de la grande croix figurée sur la façade renferment d'autres écussons de plus petite dimension que l'écu royal. Le premier écu est écartelé au premier et au quatrième quartier de la croix de l'ordre de l'Hôpital, disposition qui indique toujours les armoiries d'un grand maître ; au deuxième et au troisième d'une fasce, emblème héraldique d'Antoine Fluvian, élevé au Magistère en 1421, et de Jean de Lastic, nommé pour le remplacer à sa mort, en 1437.

L'autre écu, écartelé comme le précédent au premier et au quatrième canton de la croix de l'ordre, appartient à Jacques de Milli, grand maître de 1454 à 1461, dont il porte la flamme en chef des deuxième et troisième quartiers. J'ignore à quel dignitaire appartenait l'écu du croisillon vertical dont les quatre cantons offrent une fleur de lis.

Les façades du nord et de l'ouest sont percées de fenêtres au premier et au deuxième étage; aux mêmes plans, deux constructions saillantes servant de latrines, s'avancent hors du mur sur deux consoles en encorbellement. Le côté nord est percé, en outre, à huit pieds à peu près au-dessus du sol, de trois ouvertures étroites donnant jour dans l'étage souterrain. Un moucharaby de trois consoles desservi par la terrasse, défend l'approche de ces fenêtres et de tout le rempart septentrional.

Entrons maintenant dans l'intérieur du château. Le rez-de-chaussée, ou plutôt l'étage qui se trouve à la hauteur de la rampe, est divisé en deux grandes salles; celle de gauche est subdivisée en deux pièces voûtées et en ogive. Dans celle de droite, une trappe mobile, ouverte sur les salles inférieures, permettait de communiquer avec elles, quand la porte extérieure était murée. Ces salles, au nombre de trois, voûtées en ogive, et moins hautes que les autres, étaient sans doute destinées aux magasins et aux cuisines. Les chevaliers de service se tenaient sur la terrasse et dans les pièces du rez-de-chaussée; l'appartement supérieur était réservé au capitaine de la tour ou au commandeur de Chypre, quand il venait résider à Colossi. Un escalier à vis, de trente-quatre marches, pris en partie dans l'épaisseur du mur, en partie sur le palier, conduit à cet étage. Il n'est composé que de deux grandes salles de vingt mètres de long sur dix mètres de large; le mur de refend qui sépare ces chambres a, aux deux extrémités, deux portes en ogive, et au centre deux larges cheminées qui devaient servir rarement. Quatre fenêtres en plein cintre surbaissé sont pratiquées dans l'épaisseur du mur, qui est ici de cinq ou six pieds; leur embrasure retient des siéges en pierre sur ses trois côtés.

L'escalier continue au-dessus de cet étage et conduit sur la terrasse, en débouchant sous un lanternon à toit plat. Arrivé là, on se trouve sur une belle plate-forme de vingt mètres carrés, autour de laquelle règne un parapet de deux pieds et demi de haut, garni de créneaux rectangulaires qui doublent son élévation. Des meurtrières verticales et en embrasure sont ménagées au fond de chaque partie pleine. Les merlons sont assez rapprochés les uns des autres; mais à certaines distances se trouvent des espaces plus grands qui servaient sans doute à la manœuvre des grosses machines de guerre. Aux côtés du sud et du nord, on voit les ouvertures des deux moucharabys; au centre, un grand trou circulaire, divisé par un mur, est la double issue des cheminées de l'appartement principal. A l'angle nord-ouest, vis-à-vis l'escalier, devait s'élever autrefois un petit pavillon dont on reconnaît l'assiette, et qui servait soit de lieu d'observation, soit d'abri pour une cloche. Ce signal était souvent employé dans les châteaux pour donner l'éveil aux soldats des pièces inférieures, et peut-être en existait-il un semblable au Colos ; mais les gardes de la tour avaient un autre moyen de communication entre ses divers étages. C'est un conduit d'un pied de largeur et de huit pouces d'ouverture, dont on remarque l'orifice sur la façade ouest de la terrasse, et qui se prolonge jusqu'au plan du pont-levis, en s'ouvrant aussi sur l'étage du commandeur. Ce canal étroit n'a évidemment d'autre destination que de donner passage à la voix d'un étage à l'autre. Il a dû servir plus d'une fois à signaler l'approche des vaisseaux catalans, génois ou égyptiens, qui vinrent si souvent désoler de leurs incursions les riches campagnes des pays de Limassol et de Paphos, sous le règne des successeurs de Pierre Ier.

Je bornerai à ces détails ce que je me proposais de dire des châteaux francs dont il reste de grandes ruines en Chypre. Il en est plusieurs autres moins importants et moins bien conservés que ceux qui viennent de nous occuper un peu longuement. Il suffira de les citer : ce sont Gastria, château des Templiers, dont l'emplacement seul se reconnaît sur un rocher au bord de la côte méridionale du Carpas ; Chiti, maison de plaisance des Lusignans, à deux lieues de Larnaca, où j'ai remarqué des portes en ogive donnant accès dans une cour, et de grandes citernes qui se trouvaient sans doute au milieu de jardins ; Potamia, château royal dont il reste quelques vestiges près du village de ce nom, et sur la rivière de Ialia au nord-est de Dali ; Sigouri ou le Château-Franc, sur le Pidia, construit par le roi Jacques Ier pour tenir les Génois en échec dans Famagouste, et démoli par les Vénitiens ; enfin Cherokidia, au bas du village ainsi nommé, dans le Masoto.

Ce dernier château, après avoir appartenu aux Templiers, puis aux Hospitaliers, était la propriété des Lusignans dans le quinzième siècle. J'ai remarqué dans les ruines qui en restent trois grandes salles à deux étages dont les fenêtres sont dans le bas en baies rectangulaires et au second étage en plein cintre, tandis que la porte d'entrée est gothique. L'emploi simultané de ces différentes formes de baies est à noter, car elles appartiennent généralement aux constructions du treizième siècle, en Chypre comme en France. Il est certain d'ailleurs, par l'histoire, que le château de Cherokidia remonte aux premiers Lusignans, puisqu'il existait déjà au commencement du quatorzième siècle et que, détruit au quinzième par les Egyptiens, il fut laissé en ruines par les provéditeurs de Venise. A côté des trois salles, dont la toiture n'existe plus aujourd'hui, est une grande pièce d'une forte construction et voûtée en ogive, qui est peut-être la prison où une partie des Templiers, arrêtés en Chypre, furent incarcérés, l'an 1307 par suite des ordres venus de la cour de Rome qui projetait, dès cette époque, la suppression de cet ordre ambitieux. Non loin du château, et dans les dépendances où se trouvaient probablement ses anciens jardins, on voit encore une église, petit vaisseau latin, recouvert aujourd'hui de fresques grecques. Quoique éloignée du village et presque abandonnée, cette chapelle, appelée *Panaia tou Campou*, Notre-Dame-du-Champ, est bien connue des paysans des environs, qui viennent souvent y brûler des cierges devant une image de la Vierge. Campos désigne en Chypre un champ quelconque ou tout terrain plenier; mais serait-ce faire une conjecture trop hasardée que de voir conservé dans la dénomination particulière de l'oratoire de Cherokidia, le souvenir du sanglant combat de 1426, qui coûta la vie à tant de seigneurs chypriotes, à tant de chevaliers venus de France pour combattre les Mameloucs, et qui se termina par la prise du roi Janus lui-même. Rendu à la liberté et revenu du Caire, le roi n'aurait-il pas voulu honorer la mémoire de ses fidèles compagnons d'armes et marquer le lieu où il avait été fait prisonnier, en y élevant une chapelle sous l'invocation de Notre-Dame-du-Champ de-Bataille?

Les châteaux forts dont je viens de parler appartenaient tous au domaine de la couronne ou aux ordres religieux; on en chercherait vainement en Chypre qui eussent été la propriété particulière de simples feudataires, comme il y en avait au moyen âge un si grand nombre en Europe et même en Syrie. La différence de la situation et des institutions politiques de ces pays explique la différence que l'on remarque dans les usages féodaux. En France, comme en général dans toute l'Europe, aux onzième et douzième siècles, les hommes nobles transformèrent leurs habitations en forteresses, non pas seulement dans des vues d'indépendance, mais par le besoin urgent d'assurer leur défense personnelle au milieu du trouble général et de l'affaiblissement du pouvoir souverain. En Syrie, l'action de la royauté, quoique plus forte qu'en Europe au douzième siècle, était cependant affaiblie encore par les priviléges des grands vassaux que les Assises avaient sanctionnés en même temps et aussi expressément que les droits de la royauté; il y avait de plus en Syrie la nécessité de fortifier sur tous les points un pays sans cesse ouvert aux agressions de l'ennemi. De là le grand nombre de forteresses appartenant au roi, aux ordres religieux et aux seigneurs, qui se trouvaient dans les principautés de Jérusalem, de Tripoli et d'Antioche. Rien de semblable n'exista en Chypre sous les Lusignans, ni dans la condition sociale, ni dans la législation. La mer qui environne le pays lui donna plus de sécurité, et, dès l'origine de l'établissement qu'y fondèrent les Latins au douzième siècle, la royauté y fut plus puissante qu'elle ne l'avait été en France et en Syrie depuis deux siècles. Toute autorité individuelle autre que celle du roi fut anéantie par le consentement des hommes liges et par le contrat qui les liait au souverain dont ils tenaient tous leurs propriétés. Aussi n'y eut-il jamais dans le royaume

des Lusignans ni grands fiefs de la couronne, ni seigneuries indé-
pendantes, ni guerres privées ; et par suite il n'y eut jamais d'autres fortifications, outre les châteaux des corporations militaires
sur lesquelles le roi avait encore autorité, que celles qui appartenaient à la communauté des hommes liges, ou plutôt au roi, seul
chef et défenseur de cette communauté. Le chevalier chypriote ne
pouvait élever de fortifications sur sa seigneurie, comme le chevalier de Syrie, parce que seule la haute cour présidée par le
roi ou son lieutenant pourvoyait aux moyens de défense du
royaume ; il n'avait pas à se prémunir contre les attaques de son
voisin, comme le seigneur de France, parce que le roi était toujours prêt et toujours assez fort pour le défendre et punir son
agresseur. Aussi ai-je retrouvé très-peu d'anciennes demeures seigneuriales en Chypre, parce que, moins fortes que
des châteaux, elles ont été plus facilement démolies par les habitants des villages voisins qui y ont trouvé là des matériaux
tout prêts pour bâtir leurs maisons. Les ruines de celles que
j'ai reconnues à Pyrgos et dans le Carpas, semblent avoir appartenu à des habitations élégantes, vastes, solides même, mais
qui n'avaient aucune ressemblance avec les forts châteaux élevés
par les barons de la Bretagne, de la Bourgogne, du Languedoc,
de la Picardie ou de l'Ile de France. Si l'archéologie fournit à
l'histoire d'importantes notions sur l'état des peuples et de leur
civilisation, on trouve toujours dans l'histoire des lumières pré-
cieuses pour l'étude des monuments anciens.

J'essayerai de décrire dans une prochaine lettre les principales
églises gothiques que possède encore l'île de Chypre. Cette étude
me fournira l'occasion de signaler, plus à propos qu'il n'était
possible de le faire en traitant des constructions militaires, les
caractères particuliers de l'architecture chypriote pendant le
règne des princes français, leurs rapports et leurs différences
avec les systèmes d'architecture suivis en France aux mêmes
époques.

Je prie votre Excellence de vouloir bien agréer la nouvelle ex-
pression du profond respect avec lequel j'ai l'honneur d'être

Son très-obéissant serviteur,

L. de Mas Latrie.

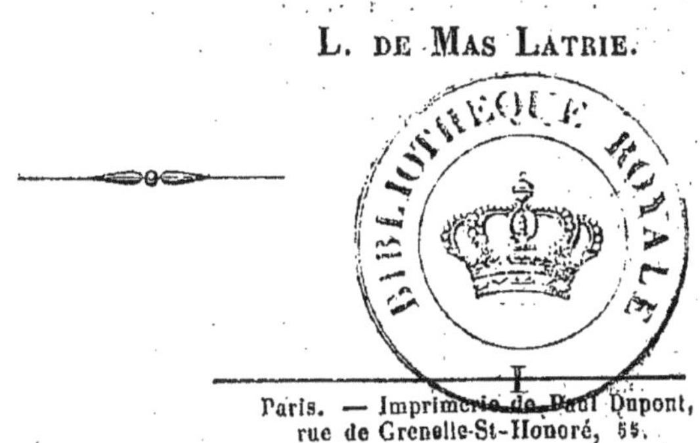